Vente des Mardi 6 et Mercredi 7 Février 1866

MAJOLIQUES

Bronzes de la Renaissance. — Verres de Venise

Meubles italiens

EXPOSITION PUBLIQUE :

Le Lundi 5 Février 1866, de 1 heure à 5 heures

Mᵉ Ch. PILLET, Commissaire-Priseur

MM. MANNHEIM, Experts

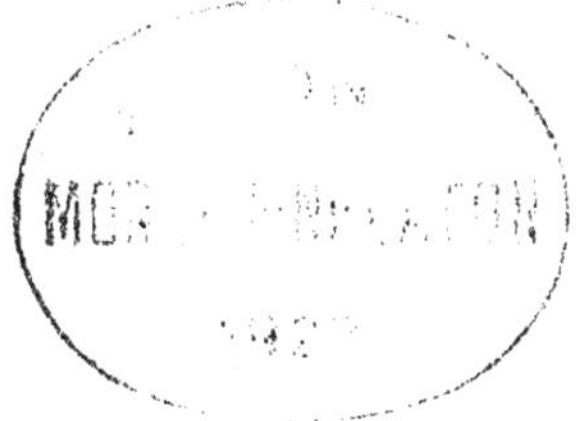

PARIS. — IMPRIMERIE PILLET FILS AINÉ

5, RUE DES GRANDS-AUGUSTINS

CATALOGUE

D'UNE BELLE ET INTÉRESSANTE COLLECTION

de

MAJOLIQUES

ITALIENNES

Des anciennes Fabriques de Gubbio, d'Urbino, de Faënza, Pesaro, Deruta, Castel-Durante, Hispano-Arabe, Caffagiolo, Savone, Castelli, Venise, etc.

Verreries et Émaux de Venise ;
Bronzes de la Renaissance ; Chenets en bronze et en fer ;
Vases et Plats en cuivre repoussé ;
Objets en fer ; Émaux de Limoges ; Marbres ;
Belle Table incrustée de nacre de perles ; Cabinets italiens ; Coffres de mariage ;
Beaux Cadres en bois sculpté ; Glaces et Miroirs ;
Fauteuils, Escabeaux, Torchères, etc.;
Belles Tapisseries des Gobelins ; Étoffes anciennes

LE TOUT ARRIVANT DE L'ÉTRANGER

DONT LA VENTE AURA LIEU

HOTEL DROUOT, SALLE N° 1

Les Mardi 6 et Mercredi 7 Février 1866

A DEUX HEURES

Par le ministère de Me **CHARLES PILLET**, Commissaire-Priseur, rue de Choiseul, 11

Assisté de MM. **MANNHEIM**, Experts, rue de la Paix, 10,

Chez lesquels se distribue le présent Catalogue.

EXPOSITION PUBLIQUE

Le Lundi 5 Février 1866, de une heure à cinq heures.

CONDITIONS DE LA VENTE

Elle sera faite au comptant.

En sus des enchères les acquéreurs payeront *cinq pour cent.*

L'exposition mettant le public à même de se rendre compte de l'état des objets, il ne sera admis aucune réclamation une fois l'adjudication prononcée.

Paris. Imp. Pillet fils aîné, rue des Grands-Augustins, 5.

DÉSIGNATION

DES OBJETS

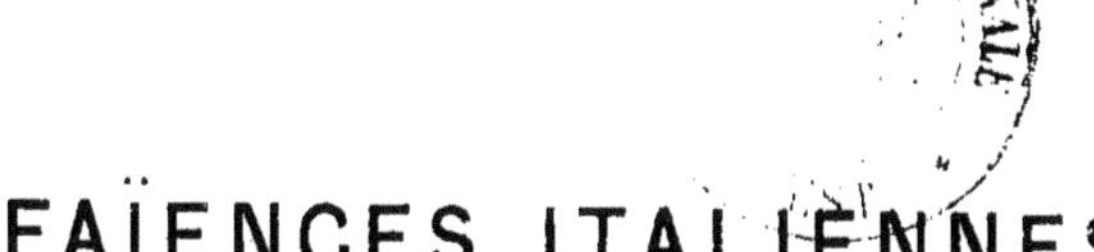

FAÏENCES ITALIENNES

FABRIQUE DE GUBBIO

1 — Très-belle coupe à reflets métalliques rouge rubis et bleu nacré. Elle présente le sujet d'Enée et Anchise.

Au revers se trouve l'indication du sujet, le sigle de *Maestro Giorgio da Gubio* et la date de 1529.

Cette pièce peut être considérée comme une des œuvres remarquables de cet artiste. Diam., 26 cent.

2 — Petite coupe ronde à rayons et rosace en relief, décorés en bleu et à reflets métalliques jaunes et rouges. Diam., 21 cent.

3 — Jolie coupe ronde et sur piédouche, décorée de canaux
et d'ornements à reflets métalliques jaune nacré et rouge
rubis rehaussés de bleu. Diam., 25 cent.

4 — Petite coupe ronde à bossages et ornements en relief;
au milieu un écusson armorié supporté par deux petits
génies, le tout rehaussé de reflets métalliques d'une grande
beauté. Diam., 22 cent.

FABRIQUE D'URBINO

5 — Très-belle coupe d'accouchée dont l'intérieur décoré en
couleurs présente dans un médaillon les figures de Vénus
et de l'Amour; le bord et le pourtour du médaillon sont
décorés de camées, de figures d'amours et d'oiseaux
fantastiques dans le style de Raphaël. A l'extérieur, le
fond offre une figure d'amour en camaïeu bleu avec
entourage de même style.

Son couvercle offre un médaillon à sujet ayant rapport
à l'emploi de la pièce avec une bordure analogue à celle
de la coupe, et à l'intérieur une figurine d'amour portant
une sphère.

Cette pièce, remarquable par l'élégance de son décor
et la beauté de son émail, est digne de fixer l'attention des
amateurs. Diam., 22 cent.

6 — Beau plat rond représentant la mère de Coriolan se présentant au camp de son fils; composition de quantité de

figures très-finement dessinées. Au revers se trouvent une longue inscription, une marque d'artiste et la date de 1546. Diam., 39 cent.

7 — Joli petit plat rond émaillé de belles couleurs et présentant le sujet de Vulcain forgeant les flèches de l'Amour. Il porte au revers l'indication du sujet, le monogramme de *Francesco Xanto* et la date de 1542. Diam., **26** cent.

8 — Très-beau plat présentant un sujet de combat composé de quantité de personnages, décoré des couleurs les plus vives et de l'émail le plus brillant.

Nous attribuons le décor de cette belle pièce à *Francesco Xanto da Rovigo*. Diam., 39 cent.

9 — Plat rond décoré en couleurs, représentant un sujet tiré de l'histoire romaine. Au centre se trouve la figure d'un cavalier armé de toutes pièces. Cette pièce, d'un bel émail, est d'une bonne exécution. Diam., 31 cent.

10 — Grande coupe ronde sur piédouche bas, décorée en couleurs et représentant Ajax et Ulysse se disputant les armes d'Achille. Belle composition de quantité de personnages. Diam., 34 cent.

11 — Grand et beau vase de forme ovoïde présentant sur une de ses faces un buste de guerrier et sur l'autre une tête de chérubin reposant sur un cartouche. Le reste du vase est décoré de guirlandes de laurier et de trophées d'armes émaillés de belles couleurs sur fonds bleu et jaune alternés. Haut., 32 cent.

12—Grande et belle coupe ronde repoussée à bossages en forme
de coquilles et de mascarons et reposant sur un piédouche.
Elle présente à son centre un grand écusson armorié
surmonté d'une couronne et décoré en couleurs. Le reste
de la coupe offre des ornements et des coquilles décorés
en camaïeu bleu. Pièce curieuse et rare. Diam., 47 cent.

13 — Coupe ronde et profonde présentant un sujet allégorique
ayant trait à l'Amour. A gauche, le char de l'Amour traîné
par deux figures d'homme et de femme nus et enchaînés.
Au bas se trouve une longue inscription et le monogramme HR. Cette pièce est remarquable par la finesse
de son décor et le brillant de ses couleurs. Diam., 25 cent.

14 — Coupe ronde et creuse sur piédouche. Elle est décorée
en couleurs et présente les figures de Vénus et des amours.
Diam., 22 cent.

15 — Coupe ronde et creuse, festonnée et à godrons; elle est
décorée au centre d'une figure d'amour, et au pourtour de
grotesques en couleurs. Diam., 28 cent.

16 — Coupe ronde festonnée et à côtes, décorée en couleurs.
Elle présente à son centre une figure d'amour dans un
médaillon, avec entourage de grotesques. Diam., 27 cent.

17 — Petite coupe ronde à bossages décorée en couleurs. Au
centre une figure d'amour; au pourtour des fleurs. Diam.,
22 cent.

18 — Plat rond dont le décor en couleurs représente Persée délivrant Andromède. Diam., 30 cent.

19 — Plat rond présentant un buste de saint personnage décoré en couleurs sur fond gros bleu. Diam., 24 cent.

20 — Ecritoire formée d'un groupe de figures représentant la crèche, et reposant sur trois lions debout. Cette pièce curieuse est décorée en couleurs et porte l'inscription suivante. DE VIRGINE. MARIA. VERBUM. CARO. FACTUM. EST. Haut., 23 cent.

21 — Petit vase forme Médicis à guirlandes de fleurs en relief et décoré en couleurs. Haut., 16 cent.

22 — Coupe élevée sur piédouche représentant le Jugement de Paris; le dessous de cette pièce est finement décoré de dauphins et d'amours. Diam., 23 cent.

23 — Jolie coupe à godrons décorée en grisailles, sur bandes alternées jaunes et bleues. Au milieu un amour. Diam., 23 cent.

FABRIQUE DE FAENZA

24 — Joli vase de forme cylindrique, décoré d'un buste de guerrier en couleurs sur fond jaune, et de trophées d'armes et d'ornements en camaïeu sur fond gros bleu. Sur un étendard se trouvent les armes de l'Empire. Haut., 28 cent.

25 — Joli petit plat rond décoré d'arabesques et de têtes de chérubins en camaïeu bleu sur fond gros bleu, et de deux écussons armoriés. Il présente à son centre un animal couché et un listel portant l'inscription suivante : SUM FUI ERO. Au revers se trouve un B gravé dans la couverte. Diam., 24 cent.

26 — Très-joli petit vase sur piédouche, à goulot droit et à trois anses ; l'une est formée par un petit chien debout et les deux autres par des enroulements. Cette jolie pièce est émaillée bleu de Perse avec décors d'or. Haut., 10 cent. ; larg., 22 cent.

27 — Vase de forme sphérique décoré d'ornements en couleurs sur fonds variés de tons et présentant sur sa face une tête casquée : *Anibalo.* Haut., 18 cent.

28 — Petit plat creux, fond bleu de Perse, à fleurettes décorées rouge et blanc, et portant au centre la lettre B. Diam., 23 cent.

29 — Très-jolie petite coupe, dite *amatoria,* décorée de rinceaux et de mascarons en camaïeu bleu sur fond gros bleu. Au centre sur un fond jaune d'or se trouve l'écusson de la famille *Tovaglia.* Diam., 20 cent.

FABRIQUE DE PESARO

30 — Plat rond à décor à reflets métalliques jaune nacré rehaussés de bleu. Il présente à son centre un buste de femme et porte des ornements au bord. Diam., 41 cent.

31 — Plat rond analogue à celui qui précède. Il offre au centre une figure de femme portant un panier placé à l'extrémité d'un bàton. Diam., 40 cent.

32 — Plat rond présentant à son centre un buste de femme décoré en camaïeu bleu et un écusson armorié vert et jaune Une banderolle placée derrière ia tète porte une inscription. Le bord est orné de rinceaux émaillés vert avec rosaces jaune et bleu. Diam., 41 cent.

33 — Plat rond, décoré en couleurs ; il porte au centre un écusson armorié surmonté d'un chapeau de cardinal et son bord est orné de rinceaux et d'imbrications. Diam., 39 cent.

34 — Plat rond présentant la figure de David vainqueur de Goliath, décoré en couleurs sur fond bleu. Diam., 34 cent.

35 — Plat rond décoré en couleurs. Il présente à son centre un joli buste de femme et sur une banderolle l'inscription suivante : LA SEBASTANA PULITA BELLA ; son bord est décoré d'ornements et d'imbrications. Diam., 42 cent.

36 — Plat rond décoré d'une rosace et d'ornements émaillés bleu, rouge, jaune et vert. Diam., 33 cent.

37 — Plat rond décoré en couleurs, présentant à son centre un buste de jeune femme et offrant au bord des ornements et des imbrications. Diam., 40 cent.

38 — Plat rond analogue à celui qui précède. Diam., 42 cent.

39 — Autre plat rond de mêmes style et décor que celui qui précède. Diam., 41 cent.

40 — Plat rond décoré en couleurs ; au centre se trouve une figure de femme assise et le bord est orné de rinceaux et d'imbrications. Diam., 42 cent.

41 — Plat rond analogue à celui qui précède. Il présente au centre une figure de cavalier costumé à l'orientale. Diam., 42 cent.

42 — Plat rond décoré en couleurs. Il présente à son centre une figure de saint Jean combattant le dragon, et son bord est orné d'imbrications et de rinceaux. Diam., 41 cent.

43 — Plat rond dont le centre présente un sujet de chasse décoré en couleurs, et le bord, des rinceaux émaillés jaune et rouge. Diam., 43 cent.

44 — Plat rond décoré en couleurs. Il présente à son centre
un écusson armorié flanqué de deux rinceaux se terminant par des têtes fantastiques et son bord est orné d'imbrications et de rinceaux. Le bleu domine dans le décor
de ce plat. Diam., 41 cent.

45 — Plat analogue à celui qui précède et pouvant lui servir
de pendant. Diam., 41 cent.

46 — Plat rond à beaux reflets métalliques ; il porte dans son
milieu un riche écusson représentant les armes de Léon X,
surmontées de la tiare. Pièce remarquable. Diam., 39 c.

47 — Plat rond très-beau d'émail. Il porte au milieu un riche
écusson aux armes des Vitelli, ancienne famille florentine.
Diam., 39 cent.

48 — Plat rond représentant à son centre deux personnages
vêtus du costume de l'époque. Diam., 43 cent.

FABRIQUE DE CAFFAGIOLO

49 — Grand et beau plat décoré de trois zones d'ornements et
de trophées d'armes finement peints en camaïeu bleu,
avec rehauts de vert et de jaune. Il présente au centre de
son ombilic un écusson armorié, et sur des listels les mots

VIVAT et SEMPER. Ce plat porte au revers le monogramme P. S. et l'indication qu'il a été fabriqué *In Cafagiollo*.

Cette marque, qu'il est fort rare de rencontrer, permet de bien préciser le style des décors de cette fabrique et ajoute encore à l'intérêt de cette belle pièce. Diam., 48 cent.

50 — Joli petit plat décoré en couleurs. Il présente à son centre l'écusson armorié de la famille Samminiati, avec bordure d'ornements. Exécution très-soignée. Diam., 22 c.

51 — Autre petit plat à peu près semblable, très-beau d'émail. Il porte au revers le monogramme P. F., qui se retrouve souvent sur les pièces de la fabrique de *Caffagiolo*. Diam., 23 cent.

52 — Petit plat analogue à ceux qui précèdent. Son bord est décoré d'imbrications, de feuillages et de rinceaux. Diam., 21 cent.

53 — Beau plat décoré d'ornements et de génies ailés soutenant des colonnes avec l'inscription *Ave Colon*, devise de l'illustre maison Colona, dont le casque héraldique forme le fond du plat. Diam., 39 cent.

54 — Vase à deux anses et à couvercle, décoré d'ornements en couleurs, et présentant sur chacune de ses faces un buste dans un médaillon rond. Haut., 28 cent.

55 — Vase de même forme que celui qui précède et de décor analogue, mais sans bustes et sans couvercle. Haut., 23 cent.

56 — Deux autres vases de même forme, décorés d'ornements en camaïeu bleu et de groupes de fleurs émaillés en couleurs. Haut., 24 cent.

57 — Vase de forme ovoïde décoré d'ornements en couleurs. Haut., 31 cent.

58 — Ecritoire formée d'un groupe de saint Georges combattant le dragon, reposant sur un double socle carré décoré d'imbrications bleues; l'un d'eux contient un tiroir, et l'autre, garni aux angles de mufles de lion, présente au centre l'écusson des Médicis émaillé jaune. Haut., 38 cent.

59 — Vase cylindrique à deux anses de forme bizarre; sur la panse se trouve une armoirie; qualité très-ancienne. Haut., 23 cent.

FABRIQUE DE CASTEL-DURANTE

60 — Deux jolis' cornets décorés de sujets mythologiques émaillés en couleurs. Ils portent les armes de la ville de Castel-Durante et sont très-brillants d'émail. Haut., 30 cent.

61 — Deux cornets décorés d'ornements en couleurs et présentant, dans des médaillons, des figures de saints personnages sur fond jaune. Haut., 29 cent.

62 — Joli vase de forme ovoïde décoré de bustes d'homme et de femme en camaïeu bleu sur fond jaune, et de trophées d'armes peints en camaïeu bleu rehaussé de jaune sur fond gros bleu. Haut., 23 cent.

63 — Deux très-petits cornets décorés de fleurs et de chérubins émaillés en couleurs sur fond gros bleu. Haut., 14 cent.

64 — Deux vases, modèle cornet, décorés de rinceaux à feuillages en camaïeu bleu sur fond blanc. Haut., 20 cent.

65 — Deux forts vases, de forme cylindrique, décorés de bustes d'homme peints en couleurs sur fond jaune et placés dans des cartouches avec entourage d'ornements à rinceaux sur fond bleu. Haut., 31 cent.

66 — Vase de forme ovoïde, décoré de rinceaux en blanc et jaune sur fonds bleu et rouge orangé alternés. Il présente sur sa face principale, dans un médaillon, le sujet de la Crèche. Haut., 36 cent.

67 — Vase de même forme et de décor analogue. Il présente, dans un médaillon, un buste d'homme casqué. Haut., 33 cent.

68 — Deux jolis vases de forme sphérique, décorés de bustes
d'hommes et de femmes finement peints en couleurs sur
fond jaune, et de fleurs et de rinceaux sur fond gros bleu.
Haut., 24 cent.

69 — Deux cornets décorés de rinceaux et d'ornements en
camaïeu bleu et jaune sur fonds bleu et rouge orangé
alternés. Leur face principale présente des médaillons
ovales à figures de saints personnages sur fond jaune.
Haut., 30 cent.

70 — Deux cornets analogues à ceux qui précèdent. Haut.,
29 cent.

71 — Deux jolis vases de forme ovoïde, présentant dans des
médaillons les figures de David et Sophonie, décorées en
couleurs sur fond jaune, et des ornements à rinceaux en
couleurs variées sur fonds jaune et bleu alternés. Haut.,
32 cent.

72 — Vase analogue à ceux qui précèdent. Haut., 31 cent.

73 — Deux cornets décorés d'ornements et de rosaces émaillés
en couleurs et présentant sur leurs faces, dans des médaillons, des figures de saints personnages. Haut., 28 cent.

74 — Vase de forme ovoïde, décoré de trophées d'armes en
couleurs, sur fond gros bleu. Haut., 25 cent.

75 — Deux Brocca décorées de trophées orange sur fond bleu ;
sur les anses se trouve peinte la figure d'Amphitrite.
Haut., 31 cent.

76 — Grand vase de forme ovoïde, très-riche d'émail et de
décors sur fonds alternés jaune d'or et vert ; deux médaillons de tête casquée et d'amour en complètent l'ornementation. Haut., 30 cent.

FABRIQUE DE LAFFRATTA

77 — Vase de forme ovoïde très-élégante, à deux anses à
mascarons en relief. Il est couvert d'un décor en couleurs
imitant le verre agate de Venise. Haut., 34 cent.

78 — Plat rond à bossages, à décor imitant le verre agate de
Venise. Diam., 37 cent.

79 — Ecritoire décorée en couleurs variées et à dessins gravés
sur engobe, flanquée de quatre lions gothiques.

FABRIQUE DE DERUTA

80 — Beau plat rond et creux, présentant à son centre un
ombilic saillant décoré d'un buste dans le style de Raphaël,
à reflets d'or nacrés et rehaussés de bleu. Au pourtour se
trouvent des canaux creux disposés en torsades avec entre-
deux de fleurs du plus gracieux effet. Diam., 34 cent.

81 — Plat de même forme que celui qui précède. Il présente
à son centre une figure de saint personnage agenouillé, et
il est décoré au pourtour d'imbrications à reflets nacrés et
rehaussés de bleu. Diam., 33 cent.

82 — Plateau rond sur piédouche, décoré d'ornements en
bleu et jaune à reflets métalliques nacrés. Diam., 27 cent.

83 — Plat rond, à décor à reflets métalliques jaune nacré et
bleu. Son ombilic porte un buste d'homme, et il présente
au pourtour et au bord des ornements et des feuillages.
Diam., 33 cent.

84 — Plat rond analogue à celui qui précède. Son ombilic est
décoré d'un buste de femme. Diam., 34 cent.

85 — Plat rond dont le large bord est décoré d'ornements en
camaïeu et dont le centre, présentant un écusson armorié
peint en jaune et en bleu, est entouré par une zone d'ornements émaillés blanc. Diam., 32 cent.

86 — Plat rond, analogue à celui qui précède. Diam.,
31 cent.

87 — Brocca de forme très-élégante, décorée d'ornements et
de feuillages à reflets métalliques jaune nacré, rehaussés
de bleu. Haut., 20 cent.

88 — Joli vase à deux anses et sur piédouche, décoré d'ornements à rinceaux en jaune à reflets métalliques nacrés et
bleu sur fond blanc. Haut., 24 cent.

89 — Petit vase à anse, décoré d'ornements à reflets métalliques jaune nacré et bleu. Haut., 20 cent.

90 — Vase analogue à celui qui précède. Il porte le chiffre du Christ. Haut., 20 cent.

91 — Joli vase à deux anses décoré de blasons, d'ornements et de rinceaux, à reflets métalliques jaune nacré et bleu. Haut., 28 cent.

92 — Plateau rond, à décor d'ornements à reflets métalliques jaune et bleu. Diam., 26 cent.

FABRIQUE HISPANO-ARABE

93 — Beau plat rond, présentant à son centre un écusson armorié décoré en couleurs, et dont le fond est couvert d'un dessin de filigrane à reflets métalliques jaune d'or d'un très-bel effet. Le revers du plat est décoré de palmes à reflets métalliques. Pièce remarquable. Diam., 39 cent.

94 — Grand et beau plat, à décor à reflets métalliques jaune nacré rehaussé de bleu, à feuillages et ornements. Son ombilic bombé présente des godrons en spirales et saillants, et son bord est orné de feuilles en relief et à reflets. Belle qualité. Diam., 47 cent.

95 — Vase de forme évasée, décoré de rinceaux et d'ornements à reflets métalliques rouge nacré. Haut., 16 cent.

96 — Plat rond décoré sur ses deux faces d'ornements et de
fleurs à reflets métalliques rouge rubis et en bleu. Diam.,
43 cent.

97 — Joli bassin rond et creux à ombilic saillant, décoré d'ornements, de godrons et d'inscriptions à reflets métalliques
rouge nacré et filets bleus. Diam., 40 cent.

98 — Vase à deux anses et à goulot surélevé; il est décoré
d'animaux et de rinceaux à reflets métalliques rouges.
Haut., 26 cent.

99 — Plat rond décoré d'ornements et présentant au centre
l'emblème de la Fidélité. Diam., 37 cent.

FABRIQUE DE SAVONE

100 — Plat rond dont l'ombilic offre un écusson armorié et
dont le pourtour est décoré de grotesques, d'ornements et
des armes de l'empire d'Allemagne. Le tout peint en camaïeu bleu. Il porte au revers des lettres initiales et la
date de 1650. Diam., 44 cent.

101 — Plat rond à bord festonné et gaufré. Il est décoré en
camaïeu bleu et présente à son centre un sujet de personnages avec entourage de fleurs. Diam., 45 cent.

102 — Plat rond présentant un groupe de cavaliers au galop
armés de toutes pièces, décoré en camaïeu bleu. Diam.,
38 cent.

103 — Plat rond présentant un sujet analogue avec écusson
armorié rehaussé de jaune d'or. Diam., 39 cent.

104 — Grand plat rond offrant un sujet de bacchanale peint
en camaïeu bleu. Diam., 46 cent.

105 — Plat rond décoré comme celui qui précède en camaïeu
bleu et offrant un groupe de cavaliers au galop. Diam.,
46 cent.

FABRIQUE DE CASTELLI

106 — Grand et très-beau plat rond représentant un sujet de
bataille. Le marli est orné de trophées d'armes et de musi-
que, et d'un écusson armorié. Ce plat porte l'inscription suivante : *Francescus Grua à Castellis ex emplavit* 1651.
Cette signature, qu'il est fort rare de rencontrer aussi com-
plète, ajoute encore à l'intérêt de ce plat dont l'exécution
est d'une finesse remarquable. Diam., 45 cent.

107 — Joli plat rond festonné et à bossages décoré en couleurs : il présente un sujet de paysage avec figures, et
porte au bord des figures d'amours, des mascarons et des
groupes de fleurs. Au bas se trouve le monogramme du
docteur Grüe. Diam., 36 cent.

108 — Plat rond décoré en couleurs. Au centre se trouve un écusson armorié surmonté d'une couronne et soutenu par deux figures de génies reposant sur des rinceaux. Au bord, des rinceaux, des figures et des animaux. Diam., 41 cent.

109 — Joli vase en forme de balustre sur piédouche bas, décoré des figures d'Adam et d'Ève dans un paysage, et d'animaux finement peints en couleurs.

Le culot et le piédouche sont ornés de feuillages peints en camaïeu bleu. Haut., 33 cent.

110 — Petit plat rond décoré d'un sujet de chasse; le marli est orné de rinceaux, d'amours et d'un écusson armorié. Diam., 25 cent.

111 — Petite coupe ronde représentant Vénus faisant la toilette de l'Amour. Cette pièce est décorée en couleurs et rehaussée d'or. Diam., 18 cent.

112 — Plat rond décoré en couleurs; il présente à son centre des animaux luttant, et au bord, des rinceaux et des animaux fantastiques. Diam., 40 cent.

113 — Plat rond décoré en couleurs; il présente à son centre un sujet de bataille et au bord des rinceaux à feuillages. Il porte dans le champ un blason armorié.

114 — Petit tableau carré présentant un groupe de deux personnages vus à mi-corps et décorés en couleurs. Haut., 195 millim.; larg., 145 millim.

115 — Soucoupe pour tasse trembleuse, décorée de figures d'amours en couleurs.

116 — Petit plat rond, offrant au centre Vénus faisant la toilette de l'Amour; bordure à figures d'enfants, rinceaux et blason. Diam., 24 cent.

117 — Plateau rond, présentant un paysage avec monuments, ruines et personnages. Cette pièce est d'une finesse d'exécution bien rare. Diam., 29 cent.

FABRIQUE DE VENISE au xviiie siècle

118 — Deux jolis vases modèle potiche, à couvercle, décorés de fleurs et d'ornements en couleurs et de festons de feuillages émaillés vert. Ces deux pièces sont rehaussées d'or. Epoque Louis XV. Haut., 42 cent.

119 — Deux petits vases à gorge élancée et à deux anses carrées. Ils sont décorés de fleurs et d'ornements émaillés en couleurs. Époque Louis XVI. Haut., 24 cent.

120 — Deux vases de forme ovoïde à couvercle et à anses à mascarons en relief. Ils sont décorés de bouquets de fleurs en couleurs et de filets d'or. Haut., 30 cent.

121 — Deux jolis porte-fleurs, de forme contournée, décorés de fleurs en couleurs et rehaussés de dessins d'or. Époque Louis XV. Haut., 18 cent.

122 — Deux vases de forme contournée à couvercle, à décor
de fleurs et d'ornements en couleurs. Haut., 30 cent.

123 — Vase de forme ronde à bord denté, décoré de guirlandes de fleurs en couleurs. Haut., 20 cent.; diam.,
29 cent.

124 — Deux jardinières modèle éventail, sur socles à ornements découpés à jour. Elles sont décorées de mascarons
en relief, de médaillons de paysages en camaïeu vert et
de guirlandes de fleurs rouges avec rehauts d'or. Haut.,
26 cent.

FABRIQUES DIVERSES

125 — Joli broc à anse, décoré de tulipes. et d'œillets
émaillés rouge et bleu sur fond blanc. Faïence de Perse.
Haut., 27 cent.

126 — Petit vase à une anse et à couvercle émaillé bleu clair.
Il a conservé quelques traces de dorure. Même fabrique.
Haut., 13 cent.

127 — Petit plat rond décoré de tulipes et d'œillets exécutés
en relief et émaillés de couleurs variées avec rehauts
d'or. Même fabrique. Diam., 29 cent.

128 — Petit broc à une anse, décoré de fleurettes et portant
un écusson armorié, en jaune d'or et bleu. Fabrique
siculo-arabe. Haut., 15 cent.

129 — Jolie coupe ronde à bossages, fond gris perle couvert par un décor d'émail blanc très-fin et présentant, à son centre et au bord, un tore de laurier et de fleurs émaillés en couleurs. Fabrique de Forli. Diam., 27 cent.

130 — Très-petite coupe, présentant les figures de la Vierge, de l'enfant Jésus et de saint Jean dans un paysage. Travail très-fin. Même fabrique. Les échantillons de cette fabrique sont très-rares. Diam., 15 cent.

131 — Plateau rond présentant à son centre un écusson armorié avec figures et arabesques au pourtour. Diam., 24 cent.

132 — Plat rond présentant à son centre une figure de saint personnage agenouillé ; au pourtour et au bord sont des ornements gaufrés en relief, et décorés en blanc et en jaune. Fabrique italienne. Diam., 35 cent.

133 — Jolie cafetière du temps de Louis XV à ornements rocaille et oiseaux en relief. Fabrique de Capo di Monte.

134 — Joli vase décoré d'une armoirie, de sphinx et de rinceaux émaillés en couleurs très-vives. Fabrique de Sienne. Imitation de Faenza. Haut., 20 cent.

135 — Plat rond et creux décoré en couleurs, présentant le buste de l'empereur Barberousse. Fabrique du marquis Ginori. Imitation d'Urbino. Diam., 31 cent.

136 — Coupe ronde sur piédouche, décorée de rinceaux et d'oiseaux fantastiques en bleu sur bleu et présentant au centre un écusson armorié. Imitation de Faenza. Même fabrique. Diam., 28 cent.

VERRERIE DE VENISE

137 — Deux très-jolies petites burettes en verre de Venise, à mufles de lion en relief rehaussés d'or, et enrichies de pois et filets d'émail bleu. XVIᵉ siècle. Haut., 11 cent.

138 — Joli vase en verre de Venise marbré blanc et enrichi de parties aventurinées. Haut., 18 cent.

139 — Deux vases en verre de Venise à filets d'émail blanc, garnis de deux goulots et surmontés d'un anneau leur tenant lieu d'anse. Ces pièces sont enrichies de parties en émail bleu. Haut., 30 cent.

BRONZES D'ART

140 — Beau buste en bronze, grandeur naturelle, de l'empereur Vitellius, avec chlamyde en brèche violette. La tête, qui est d'une exécution remarquable, date du xvi° siècle. Haut., 76 cent.

141 — Figurine.—Génie assis. Bronze italien. Haut., 21 cent.

142 — Petite figurine. — Personnage casqué. Bronze italien très-fin du xvi° siècle. Haut., 14 cent.

143 — Petit marteau de porte, formé d'une tête casquée flanquée de deux dauphins se terminant par des feuillages. Bronze italien.

144 — Mortier en métal de cloche, présentant les bustes de Henri IV, Louis XIII, etc., ainsi que des fleurs de lis et des figures de génies en relief.

145 — Bronze italien. — Cerbère aux trois têtes.

146 — Deux beaux chenets italiens en bronze, ornés chacun
d'une figure de femme debout, reposant sur un vase orné
de têtes de chérubins en relief. Leur base est formée de
deux dauphins servant de support à une tête de génie en
relief et à deux figurines d'enfants en ronde bosse. Haut.,
68 cent.

147 — Deux chenets en bronze, en forme de vases ovoïdes
sur bases triangulaires, enrichis de godrons, de bustes de
femmes, de mascarons et d'ornements. Leurs pieds sont
ornés d'enroulements en fer. Travail vénitien du xvi⁰
siècle. Haut., 80 cent.

148 — Deux chenets de même époque, en forme de balustre
sur base triangulaire. Haut., 70 cent.

149 — Pendule du temps de Louis XVI, en bronze doré et
marbre blanc, enrichie d'une figure de femme et d'un
amour en bronze vert d'une belle patine. Haut., 38 cent.

OBJETS EN FER

150 — Jolie serrure en fer, à trophées d'armes et ornements gravés et découpés à jour. Elle est accompagnée de sa clef, portant un blason surmonté d'une couronne et sur le champ l'inscription : VIV LE ROY.

Cette pièce est signée : *Jean Dutartre, me fecit a Vitoria.*

L'entrée de la serrure porte le blason de France et Castille flanqué de deux lions héraldiques et surmonté de la couronne royale.

151 — Coffre-fort du temps de Louis XIII, enrichi d'ornements en fer forgé et découpé à jour. Larg., 75 cent.; haut., 50 cent.

152 — Deux chenets en fer forgé à colonnes torses et surmontés de boules en cuivre. XVIIᵉ siècle.

CUIVRES REPOUSSÉS

153 — Fontaine en forme de vase ovoïde, à couvercle et à deux anses, en cuivre jaune. L'extrémité inférieure des anses et la panse du vase présentent des têtes et des mascarons. Travail vénitien du xvi° siècle. Haut., 48 cent.

154 — Bouilloire en cuivre rouge repoussé, à godrons et ornements, et à anse mobile. Mêmes travail et époque.

155 — Deux jolis vases en cuivre repoussé et argenté, à godrons et à canaux creux, et à deux anses formées de rubans se rattachant à la panse du vase par des mascarons en relief. Haut., 42 cent.

156-162 — Sept grands et beaux plats en cuivre jaune repoussé à ornements, et portant des inscriptions gothiques gravées. Il seront vendus séparément.

SCULPTURES EN MARBRE

——

163 — Grand et beau bas-relief en marbre blanc sculpté, de forme carré long, représentant les noces d'Alexandre, d'après Raphaël. Cette sculpture, attribuée à Canova, est montée dans une bordure en marbre sipolin de très-belle qualité. Larg., 1 mètre 50 cent.; haut., 50 cent.

164 — Médaillon ovale présentant en haut relief un buste de femme, profil à gauche. Joli travail italien du xvie siècle. Haut. 41 cent.

165 — Quatre balustres en marbre blanc sculpté, à canaux creux et ornements. Travail italien du xvie siècle. Haut., 68 cent.

ÉMAUX

DE VENISE & DE LIMOGES

———

166 — Email de Venise. — Grande coupe ronde, à bossages
et godrons, sur piédouche. Elle est décorée en bleu, vert
et blanc rehaussés d'ornements en or. Pièce remarquable
par son travail et ses dimensions. xve siècle. Haut.,
46 cent.

167-169 — Sept plaques carrées en émail de Limoges, décorées en couleurs et rehaussées d'or, représentant des sujets
tirés de la vie du Christ. xvie siècle. Elles seront vendues
séparément.

170 — Petite plaque de forme octogone provenant d'un miroir, peinture en émaux de couleurs représentant Diane
debout, et attribuée à Suzanne Courtois.

———

MEUBLES

---

171 — Jolie table de forme carré long, enrichie de fleurs et d'ornements à rinceaux en nacre de perles, incrustés sur fond noir. Travail italien du XVIᵉ siècle d'une très-belle exécution. Elle repose sur des pieds en bois noir découpés à jour dans le style de l'époque. Long., 1 mètre 11 cent.

172 — Dessus de table de forme carré long en mosaïque de Florence, à fleurs, oiseaux et ornements exécutés en diverses matières. Long., 90 cent.; larg., 59 cent.

173 — Joli bureau à deux corps, en marqueterie de bois, enrichi d'incrustations en ivoire gravé à fleurs et personnages. Le bas est à porte à abattant et a un tiroir, et le haut a une porte garnie d'une glace. Ce meuble est surmonté d'ornements et de fleurs en bois sculpté et doré. Travail du temps de Louis XV. Larg., 1 mètre 5 cent.

174 — Cabinet en bois d'ébène, enrichi d'incrustations en ivoire, à rinceaux et ornements. Au centre se trouvent

deux colonnes surmontées d'une galerie à balustres en ivoire. Travail italien du XVIᵉ siècle. Larg., 36 cent.; haut., 50 cent.

175 — Coffret de mariage vénitien, en bois noir, décoré de riches arabesques en or et incrusté de plaques en nacre de perles sur lesquelles se trouvent des oiseaux et des fleurs peints en couleurs.

176 — Grand cadre de forme monumentale, en bois de noyer finement sculpté, à rinceaux, mascarons et griffons dans le meilleur style florentin du XVIᵉ siècle. Ouvrage du célèbre Scaletti de Florence. Il est disposé pour recevoir un médaillon rond de 39 cent. de diam. Haut., 1 mètre 27 cent.; larg., 72 cent.

177 — Deux autres cadres analogues à celui qui précède, rehaussés d'or et du même artiste, mais plus petits. Ils seront vendus séparément. Diam. du médaillon, 21 cent. Haut. du cadre, 80 cent.; larg., 50 cent.

178 — Deux torchères en bois sculpté peint en blanc et rehaussé d'or. L'une d'elles est formée par une figure de Bacchus debout, et l'autre par une figure de Cérès. Haut., 1 mètre 52 cent.

179 — Deux très-grands et beaux fauteuils en bois de noyer sculpté, à fleurs et ornements. Ils sont couverts en brocatelle cramoisi et jaune d'or. Epoque Louis XIV. Ces deux pièces sont d'un grand style.

180 — Quatre escabeaux en bois de noyer richement sculpté, à figures, mascarons et ornements. Travail florentin dans le style de la Renaissance.

181 — Deux consoles en bois de noyer finement sculpté, à bustes et ornements de style Louis XIV. Les entrejambes à volutes sont surmontés d'un vase. Larg., 1 mètre 20 c.

182 — Devant de coffre en bois sculpté, à figures, mascarons et ornements rehaussés d'or. Beau travail dans le style de Jean Goujon.

183 — Jolie pendule en marqueterie de Boulle, écaille et cuivre, richement garnie de bronzes dorés. Les cartouches sont en argent. Haut., 55 cent.

184 — Deux supports en bois de noyer sculpté, à mascarons et ornements. Travail florentin. Haut., 1 mètre 10 cent.

185 — Joli cadre de forme monumentale, en bois de noyer sculpté, à ornements et à colonnes détachées. Travail italien du XVIe siècle. Haut., 80 cent.

186 — Autre beau cadre de mêmes style et époque. Il est enrichi de cariatides se terminant en consoles.

187 — Joli cadre de forme monumentale, en bois de noyer sculpté rehaussé d'or, style florentin du XVIe siècle. Haut., 94 cent. ; larg., 72 cent.

188 — Cadre analogue à celui qui précède. Haut., 94 cent. ; larg., 72 cent.

189 — Petit cadre de miroir, de forme carrée, en bois de noyer sculpté à ornements. Travail très-fin. Haut., 57 cent. ; larg., 52 cent.

190 — Cadre de forme carrée en bois de noyer sculpté à ornements. Travail florentin du XVIᵉ siècle. Haut., 1 mètre 14 cent. ; larg., 1 mètre.

191 — Glace carrée à biseaux, dans un beau cadre en bois d'ébène, à moulures guillochées. Haut., 1 mètre 12 ; larg., 95 cent.

192-193 — Deux glaces carrées, à bordures noires à moulures richement guillochées. Elles seront vendues séparément. Haut., 70 cent. ; larg., 64 cent.

194 — Petite glace carrée, dans une riche bordure en bois sculpté et doré, composée de figures d'enfants, de rinceaux et de fleurs. Travail florentin. Haut., 1 mètre 10 cent. ; larg., 88 cent.

195 — Cadre en bois sculpté et doré, composé de rinceaux. Travail florentin. Haut., 1 mètre 5 cent. ; larg., 65 cent.

196 — Cadre analogue à celui qui précède, mais plus petit.
Haut., 68 cent. ; larg., 56 cent.

197 — Cassette en bois d'ébène, à moulures guillochées, enrichie d'incrustations en ivoire. Travail vénitien du xvi[e]
siècle. Larg., 44 cent.

TAPISSERIES & ÉTOFFES

198 — Grande et belle tapisserie des Gobelins, représentant
Louis XIV sortant des Tuileries en carrosse de gala, entouré de sa cour. La bordure de cette tapisserie est composée de rinceaux et de fleurs d'une grande finesse, et les
couleurs sont d'une belle conservation.

199 — Deux autres belles tapisseries des Gobelins, représentant le grand blason des illustres familles Visconti et Litta,
supporté par deux grands génies ailés. Les bordures sont
d'une riche ornementation et le tout est rehaussé de parties
tissées en argent.

200 — Grande et belle portière en étoffe de soie fond vert
avec broderies en fin, et garnie d'une large bordure en
velours à parterre, à fleurs en couleurs sur fond jaune
d'or tissé en fin. Haut., 2 mètres 45 cent.; larg., 1 mètre
60 cent.

204 — Coupon d'étoffe de soie du temps de Louis XV, de très-belle qualité, à fleurs en couleurs, feuillages et ornements verts sur fond brun. Il mesure environ 8 mètres.

202 — Autre coupon d'étoffe de soie, de même époque, à fleurs et ramages sur fond gris, et à peu près de même dimension.

203 — Coupon de damas de soie rose de Chine à fleurs. Époque Louis XV. Larg., environ 5 mètres 50 cent.

204 — Autre coupon d'étoffe de soie fond blanc, brochée à fleurs en couleurs. Environ 5 mètres 70 cent.

205 — Grand et beau couvre-lit en guipure ancienne à fleurs et ramages.

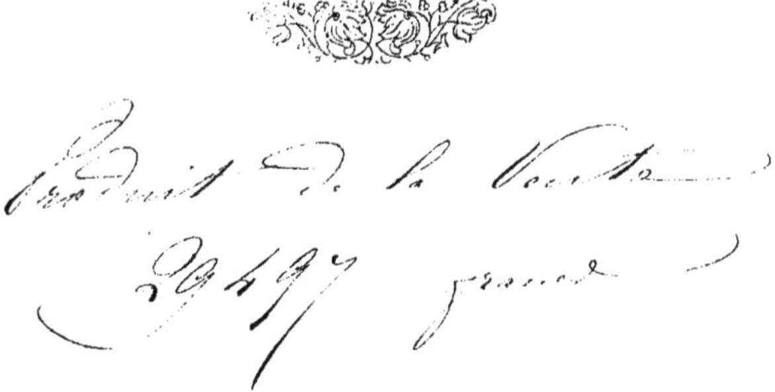